Las vicisitudes de la vida

de la
oscuridad
al
amanecer

HENRY KRAUSS

Para realizar pedidos de este libro, contacte con:
Xlibris
1-844-714-8691
www.Xlibris.com
Orders@Xlibris.com

ISBN: Tapa Dura   978-1-6698-2082-6
        Tapa Blanda   978-1-6698-2081-9
        Libro Electrónico 978-1-6698-2080-2

Información de la imprenta disponible
en la última página.

Fecha de revisión: 04/13/2022

Tabla de Contenido

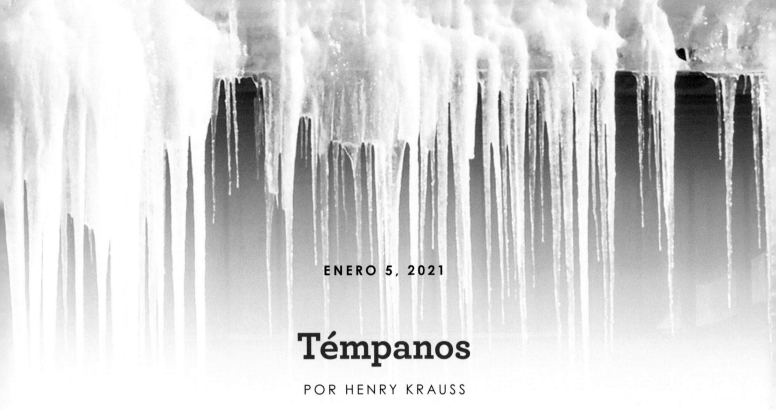

ENERO 5, 2021

Témpanos

POR HENRY KRAUSS

Todo empezó con solo un copo de nieve.
Después empezó a soplar como una tormenta.
Estaba frio y sin visibilidad.
Torbellinos de nieve.
Nieve sin rumbo.
Un destello de relámpagos y un trueno rugió.

Témpanos de hielo colgaban de los techos.
Eran gruesos y fuertes. Duraban días en el frio helado.

Gradualmente se asomaba el sol. Los témpanos empezaron a gotear mas
lento que nuca. Finalmente empezaron a caer descongelados.

Casi toda la vida fuimos fuertes. Después de que el sol nos quemo
al pasar los anos, nos debilitamos y derretimos.

Pero el agua se evapora hacia el cielo y nuestras almas se mantienen para siempre

Mi Mesa de Café

POR HENRY KRAUSS

Mire fijamente la mesa- pequeña, redonda, pequeños banquitos a su alrededor
Sentimientos de intimidad y calor
Y mire a los ojos de otros

Veo dolor, amabilidad, alegría, agitación, confianza, serenidad, sabiduría y maldad

La rapidez de la vida se fue

¿Porque no son todas las mesas redondas?
¿Los salones?
¿Los Edificios?
¿El Universo?

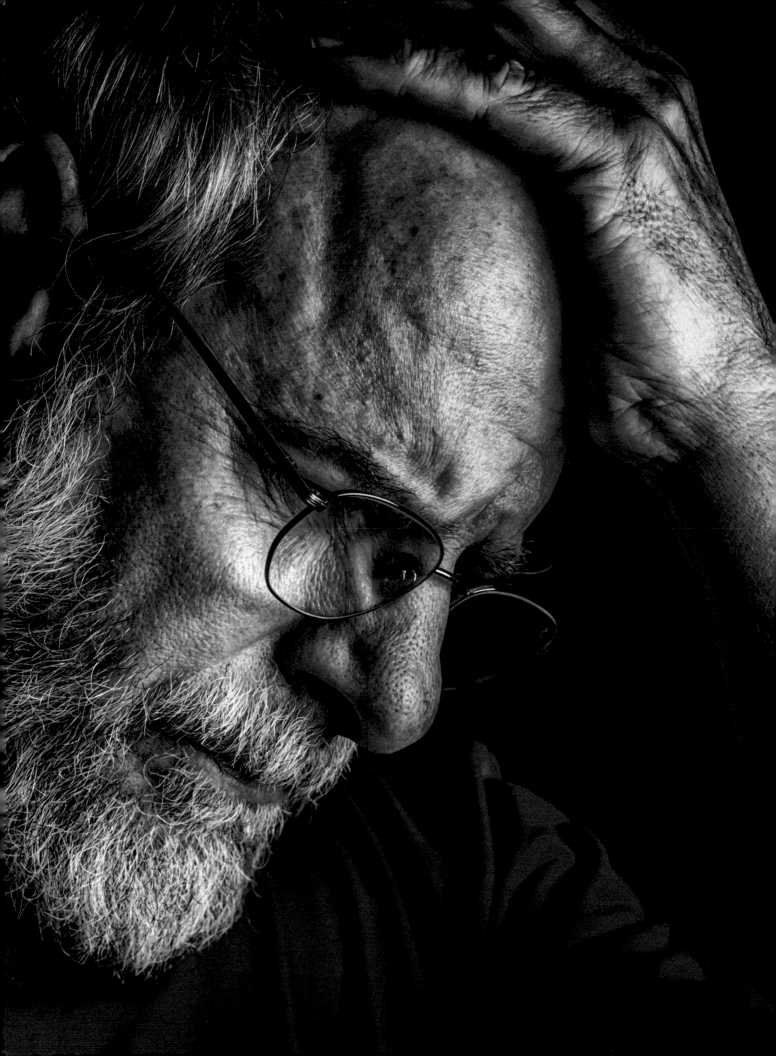

FEBRERO 7, 2021

¿Hombre, o Cosa?

POR HENRY KRAUSS

Cuerpo arrugado
Huesos Torcidos
Babas
Dientes dañados
Panales
Sillas de rueda

Que historia escribió el/ella?
¿Sabia o ordinaria?

¿Dendritas y sinapsis rotos?
¿Cerebros aplastados?

¿ADN, ARN, ARNt Trastornado?
¿Senilidad?
¿Oscuridad?
¿Físico?

O

¿Consciencia?
¿Sentimientos?
¿Sabiduría?
¿Imaginación?
¿Ideas?
¿Energía-Luz?
¿Metafísica?

FEBRERO 21, 2021

El Eclipse De G-D

POR HENRY KRAUSS

Una pequeña niña agarrando la mano de su madre muy fuerte.
Con un abrigo gris todo andrajoso. Una carita redonda, radiante. Ojos sonrientes. Pelo rubio, mejillas rosadas.

Un frio fuerte. Separada de su madre. Los ojos llenos de lagrimas, y cayendo por sus mejillas

Un grotesco ataúd tomaba el tiempo sobre su retorcido cuerpo. Sus ojos vacíos. Quemados
en el horno. Su cuerpo pequeño, carbonizado desde su cráneo, hasta su torso.

Dos pequeños hambrientos.
Compartiendo la corteza dura del pan.
Hombro a hombro.
Abrazándose.

Besándose y abrazándose ambos, en medio de vómitos y feces que llenaban sus pulmones.

MARZO 10, 2021

El Petirrojo

POR HENRY KRAUSS

Arboles desnudos
Cielos grises
Viento crudo
Pedazos de lodo, y yerba moldeada en círculos de hojas cementadas

Un Robín alimenta a sus pollitos,
Sobrevolando- manteniéndolos calientes y seguros
¿Porque algunos de nosotros no aprendemos de la naturaleza?

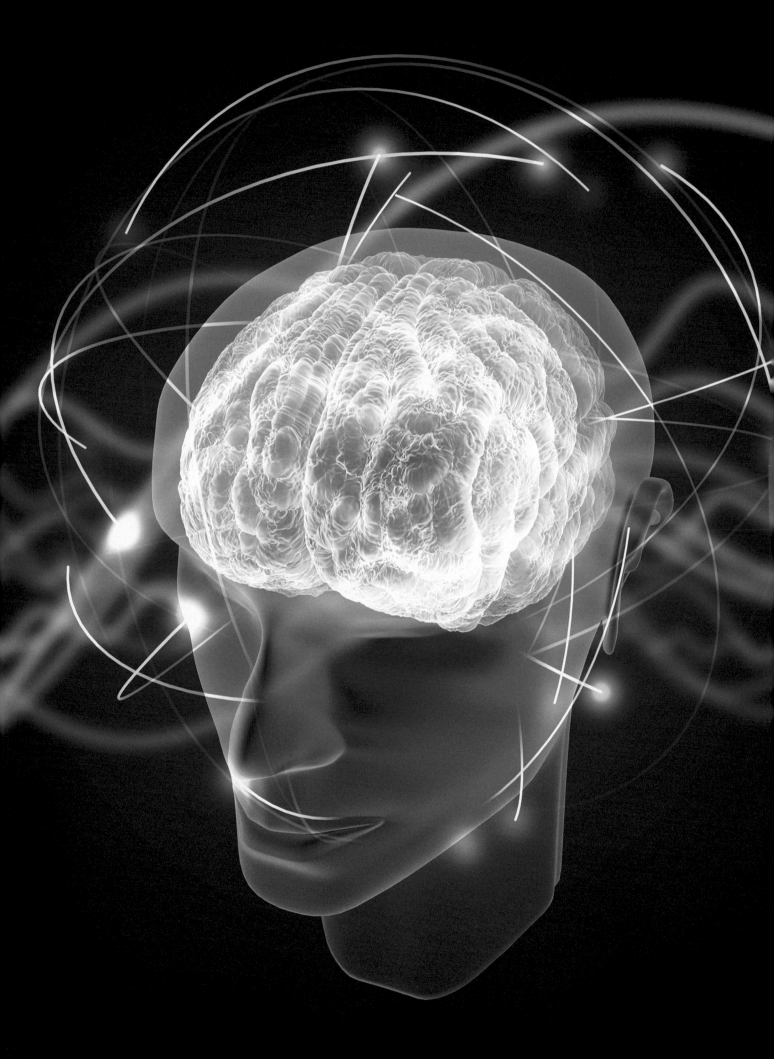

MARZO 10, 2021

Omnisciente- Omnipresente

BY HENRY KRAUSS

La energía hace que la materia haga chispas
Una enzima hace una causa
Una acción, no reacción
El espíritu afecta al objeto
Ausentado- el objeto se muere- implosión, oscuridad, abandono

El rumbo del hombre- a través del corazón y el flujo sanguíneo
Micro cósmico

Fuerzas que le dan la vuelta al universo- Macro cósmico

¿Quien esta detrás de este poder?

ABRIL 5, 2020

La Rosa

BY HENRY KRAUSS

Una luz, el cielo rosado a la puesta de sol, parecido a una rosa

Ramos con espinas afiladas

¿Para proteger su belleza?

O

¿Para recordar de sus imperfecciones?

Todos tenemos lo que pensamos que son hermosos pétalos

Pero

También tenemos espinas afiladas

ABRIL 5, 2020

Pájaros

POR HENRY KRAUSS

¿Alguna vez te preguntaste porque los pájaros vuelan al sur en grupos?

¿Es instintivo? ¿Libre albedrio? ¿Para protección? O ¿la virtud, el carácter, idiosincrasia del líder?

ABRIL 5, 2021

Mi Cáncer

POR HENRY KRAUSS

¿Donde se fue mi energía? Escale montanas- corrí con el viento- escale el gran roble.

Ahora es difícil caminar, subir pasos. Necesito resistencia- vitalidad.

Me siento y no me puedo levantar-mareado-¿que me puede rejuvenecer?

Mi corazón late, aunque se siente como si la sangre poco a poco se va saliendo de mi interior.

A pesar de la fatiga, empujo con ganas. Soy optimista. Mañana será otro día

ABRIL 5, 2021

Mirando hacia adentro desde afuera

BY HENRY KRAUSS

Cielos de profundo color azul
Nubes infladas
Sol luciente
Briza suave
Niños bailando, cantando, riendo

Tengo los ojos empanados, estoy ansioso, triste por ninguna razón
Una nube oscura camina sobre mi-tiempo gris, "los perros negros" como lo dijo Churchill

El mundo feliz va pasando
Tengo frio, lloro, tiemblo, anémico

Pero mañana será una nuevo día, resurgir

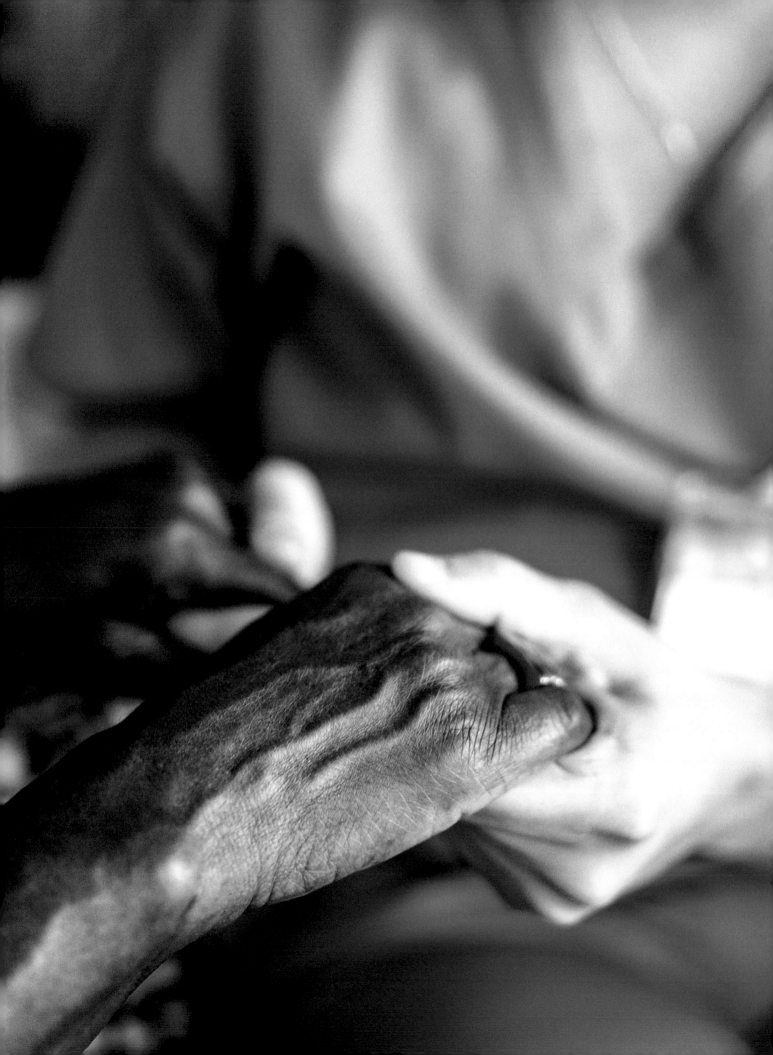

ABRIL 5, 2021

La Enfermera

POR HENRY KRAUSS

Ella llego en un día gris y lluvioso-vestida simplemente-una chaqueta blanca y un chal colorido
Al parecer sufría con toda la carga que tenia que llevar-ojos brillantes y una mirada amigable
Ella era calmada, hacia muchas preguntas sobre las fotos en mi pared ancestral.

Ella tenia empatía-era entera
Ella me trato como una persona-un paciente, no solo un numero.

ABRIL 6, 2021

Arboles

POR HENRY R. KRAUSS

Los arboles se parecen a las personas

Algunos cuelgan tristes-el rompimiento del viento
Pocos están torcidos-oscuros, tristes y inflexible

Otros, majestuoso, impresionante, majestuoso, doblándose con el viento
Muchos son un lugar común, sin características distintivas

Todos están sujetos a los elementos
Su replica es crucial

Lunes de Mañana

POR HENRY R. KRAUS

Ojos deprimentes, sin enfoque, cansado

Estuve despierto toda la noche pensando en decisiones

Finalmente, me lance al océano

Las olas me sepultaron

Estaba eufórico, triunfante.

¿Quien podía dormir?

Di en el blanco

ABRIL 11, 2021

¿Que Cuenta?

POR HENRY R. KRAUSS

Su cara esta muy arrugada
Los huesos doblados y rotos
Calvo, sin dientes
El cuerpo encogido

Energético
Inteligente
Sabio
Empático
Dinámico
Vigoroso
Bondadoso

¿Como vemos a este hombre?
¿Pasado? ¿Presente? ¿futuro? O ¿TODO?

El Reloj De Arena

BY HENRY KRAUSS

Tengo Cáncer

El reloj de arena, aunque opaco y pequeño, esta constantemente en mi mente
Crece, lo opaco desaparece, cuando voy a mi doctor. Llega la depresión

Siento cosas con intensidad, que las personas sanas no sienten- ¿como puede ser?
Mariposas, pájaros, arboles, montanas, ríos, valles.

Un niño se retuerce en dolor, vómitos, calvicie y también siento el reloj de arena-dolor extremo

Yo se, que con el tiempo llegara la depresión. Viviendo la vida un día a la vez, optimistamente.
Con una ojo en proyectos alegres, harán que el reloj de arena se encoja y traiga consigo lo opaco.

ABRIL 11, 2021

Poder

POR HENRY R. KRAUSS

¿Que enciende la electricidad, los carros, el calor, el internet, los celulares?
¿Que esta de tras del poder?
¿Que pasa cuando se apaga la electricidad?
¿Que es lo que da luz al mundo?

¿Generadores? ¿Red eléctrica? ¿Plantas eléctricas?

Inteligencia, planes, pronostico, exámenes, invenciones

¿Quien crea las plantas eléctricas? ¿Las redes eléctricas? ¿Las computadoras?

El hombre- la luz detrás del resplandor

¿Y quien diseño al hombre?

ABRIL 15, 2021

Lluvia

BY HENRY R. KRAUSS

Fluye
Salpica
Puede ser suave y tibio
Puede ser crudo y malo
Puede soplar como un ciclón

El daño es proporcionalmente directo a su forma
A veces caminamos en llovizna, a veces en una tormenta, a veces en un tifón.
Sentimos que nunca terminara

Pero aun un ciclón corre su curso
Eventualmente el sol brilla-resplandece, reluce

ABRIL 15, 2021

La Chica Silenciosa

POR HENRY R. KRAUSS

Ella tiene 11 anos
Sus ojos no son radiantes, brillosos y anchos
Su cara es inapropiadamente redonda
Ella tiene una apariencia antiestética

Ella es tímida- callada- en ella misma
No parece tener muchos amigos
Ella parece solitaria

Ella es brillante-intuitiva-placentera- cortes
Su alma es cariñosa, atenta, gentil, de corazón suave

Las personas pasan a su lado, como si ella fuera invisible. No le preguntan su opinión, sus pensamientos, sentimientos que ella percibe. En vez de a ella, ellos involucran a las niñas "lindas"

Todavía el agua corre profunda

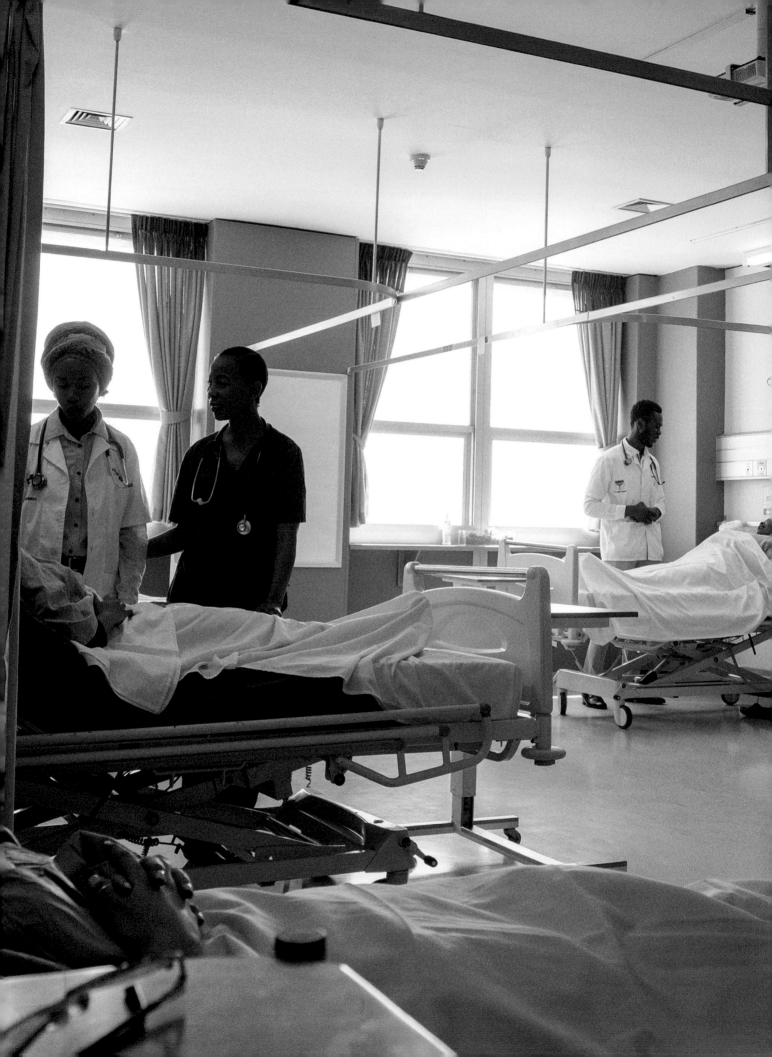

En Los ojos del Espectador

BY HENRY R. KRAUSS

Estaban en el cuarto 5ª-5B
Dos camas-una cerca de la ventana, la otra cerca del baño
Había oxígeno encima de una cama- una maquina de transfusión de sangre- dos "contadores" para
controlar las maquinas de presión arterial de las enfermeras, termómetros-agujas y medicamentos

Un olor fuerte de heces y vómitos penetraba el aire. Te tragaba
El chico en la cama 5ª estaba frio-cerca de unas 90 libras.
El tenia un salten de boca para agarrar cualquier vomito inesperado.
El tenia coágulos de sangre en sus piernas.
El tenia cáncer de páncreas.

En la cama 5B se encontraba acostado un hombre adulto- con la
contextura de un jugador de futbol americano
En realidad, jugo para "Bama"
El también tenia cáncer- cáncer de colon
Pero lo descubrieron temprano y creyeron que se podía curar

De todas maneras, el estaba amargado-depresivo-enojado-con miedo-triste-sin funcionamiento.
¿Será que podrá jugar otra vez? ¿Que pasara con el juego profesional? ¿Y que de su prometidas?

El chico siempre sonreía- trabajando y jugando en su computador, leyendo
Buscando amigos en el hospital-llamando a los amigos y familiares para que le hicieran la visita, positivo
Aunque, cada cierto tiempo, una lagrima bajaba por sus mejillas

El miraba por la ventana cuando estaba lloviendo y podía ver los rayos azules del cielo.

"todo esta en los ojos del espectador"

El brillo en sus ojos

BY HENRY R. KRAUSS

El estaba desaliñado, con collar gris-negro
Le faltaban botones, las mangas rotas
Un olor extraño
Aliento horrible
Pantalones que llegaban a sus pantorrillas
Un cinturón gastado que no podía aguantar su peso excesivo

La gente lo desprecia- el es despreciado, insultado, menospreciado

Pero el tenia un brillo en sus ojos- suave
El miraba el dolor pero estaba pensativo
El brillo era suave, a pesar del desprecio

El Tío Al

POR HENRY R. KRAUSS

Cuando éramos pequeños, visitábamos a nuestro tío Al en el Bronx
El viaje era sin fin para nosotros los niños

El departamento, construido en el ano 1901, era sofocante
Temblaba cuando el L pasaba
La electricidad reemplazaba las luces
Techos altos y ventanas
Muebles de finales del siglo 19

Oscuro
La pintura desprendiéndose
La silueta del sol por las cortinas grises
Molduras elaboradas
Abanicos eléctricos
Sándwiches de carne de ternera, fresco y grueso

El tío Al casi nunca salía de su habitación
Cuando lo hacia, se trepaba por la ventana en su habitación
El era un técnico, operando radios, detrás de las líneas Nazis
El estaba aturdido-hospitalizado en la clínica psiquiatra Plymouth

Su amigo fue decapitado por una granada
El cerebro, la sangre, y los huesos de su amigo cayeron encima de el
El cuerpo incrustado de su otro amigo fue incinerado, en una vuelta,
Un pedazo de tronco negro fue lo único que quedo

Ni amargado ni enojado. El no le echaba la culpa a nadie, solo a el mismo. El era callado, bondadoso y amable

Íbamos a pescar juntos, el me ensenaba su laboratorio de fotografía- discutíamos
sobre su colección de estampillas-su precioso compendio de libros

Nos convertimos en uno. Yo lo admiraba. Todavía lo adoro y lo extraño

ABRIL 25, 2021

Microcosmo- Macrocosmo

BY HENRY R. KRAUSS

Yo estaba en un avión
Parecía no moverse
Autos pequeñitos, como hormigas se movían rápido en la tierra
Su macrocosmo era para mi un microcosmo
Para el universo de arriba, mi macrocosmo era un microcosmo
Perdemos nuestra percepción en nuestro "macrocosmo"

"Genio"

POR HENRY R. KRAUSS

Ella era pequeña-pesada- fija
Jeans rotos
Lentes gruesos
Ella leía en braille
Sus tatarabuelos fueron esclavos que recogían algodón en Misisipi

Incisiva
Astuta
Inteligente

Ella tenia un pequeño puesto de café en el centro de la ciudad- para sobrevivir
Acento fuerte del profundo sur
Rodeada de Jim Crow y El Klan- toda su vida
Su primo fue quemado y linchado por mirar una chica blanca

Nos convertimos en un solo espíritu-esencia

Alguien le robo
¿Porque algunos cazan de los débiles? ¿Maldad-malicia-frialdad-malevolencia?

"no hay nada mas fácil que denunciar al malhechor; no hay nada
mas difícil que entenderlo.", Fyodor Dostoevsky

ABRIL 28, 2021

Quietud

POR HENRY R. KRAUSS

A veces la vida es arrolladora- devastadora
Las paredes se encojen en ti-desencadenando un estado catastrófico
No existen respuestas-ni un remedio aparente
Solo nosotros, nosotros mismo podemos resolver la prueba- el desacuerdo
Así que, no dirigimos a un lugar tranquilo, sagrado, sereno para poder ordenar nuestras ideas y sentimientos
La atmosfera pacifica nos tranquiliza-parece que las nubes se elevan
Los pensamiento y sentimientos están mas claros
A veces necesitamos lugares silenciosos para poder estar solos y pensar

"Quisiera que mi vida fuera como un arrollo," dijo su nombre Emma Jane. "tan callada y muy delicada, tan libre de cualquier dolor. Rebecca de Sunnybrook Farm, por Kate Douglass Wiggins

ABRIL 28, 2021

Time

POR HENRY R. KRAUSS

Dos trenes uno al lado de otro
Uno se mueve hacia adelante
El otro parece que se mueve simultáneamente hacia atrás
Es el tiempo mas rápido en el tren que se mueve hacia en frente? O no?

Un avión a 5000 pies de altura, el tiempo pareciera que no se mueve en la cabina
Pero para los pequeños autos moviéndose abajo, el tiempo se mueve rápido.
Es el tiempo absoluto o relativo?

Es la edad del universo creacionista, o cosmológica?

Un Bote en el Mar

POR HENRY R. KRAUSS

Agobiante relámpago
Chispeante trueno
Nubes negras
Vientos rápidos
Olas imponentes
Un barco pequeño
Subiendo y bajando con las creciente olas
Sin esperanza
¿Terminara en algún momento?
Parecido a la vida
Hacia arriba y hacia abajo
¿Como lo mantenemos nivelado?
¿Como nos acostumbramos?
¿Ajustamos? especialmente cuando pensamos que no terminara nunca
Todos estamos en barcos que flotan por los océanos de la vida

JUNIO 9, 2021

Pop

POR HENRY KRAUSS

El era desconfiado. Disfrutaba leer y le gustaba hacer en crucigrama rompe cabeza del periódico de los domingos del New York Times en tinta. El tenia sentido común y estaba satisfecho con muy poco. Muy rara vez hablaba negativamente de alguna persona. El nos amaba, pero no lo mostraba físicamente. El era responsable, leal, confiable. Era un hombre de familia, era dueño de una casa, y junto con mama nos criaron. El era frugal cuando se trataba de el, pero cuando se trataba de la familia gastaba lo que fuera.

El era realista. Lo promedio estaba bien, mientras trabajaras duro y llegaras a la meta. El no hablaba de la Depresión ni de la segunda guerra mundial.

El dijo que, al contrario de las películas, la vida no siempre termina en "un final feliz"

JUNIO 9, 2021

Al Menor Nacido

POR HENRY KRAUSS

Para unos pocos afortunados, sus vidas están listas en el momento de nacer, fortuna, fama, educación

Para la mayoría de nosotros, la vida es dura; el dinero es poco, el
trabajo es arduo, sin fama, sin derechos al nacer
Pero estamos libres para elegir.

De todas maneras, existen algunos pocos fuertes quienes se levantan sobre sus estaciones
en la vida- ellos usan sus elecciones libres para encontrar oportunidades

¿Quien es mas fuerte?

Aquel que no tiene que hacer elecciones- el que es, "El Menor Nacido,"

O ¿el que no lo es?

PAPA

POR HENRY KRAUSS

Cuando éramos jóvenes, llamábamos a nuestro padre "papa", como la mayoría de los niños

El siempre fumaba una pipa, y la fragancia de la madera de cerezas invadía nuestra casa.
El empezó con la pipa cuando serbia en la segunda guerra mundial. Tenia
toda una colección.-hasta tenia una larga "pipa de la paz"!
Le encantaba las manzanas de Macintosh y las compraba por recipientes.

El nació en el ano 1914, tenia padres muy estrictos-la manzana no caía muy
lejos del árbol, nosotros no caíamos muy lejos de "SU" árbol!

Con solo una mirada del, te frisabas

Una vez el devolvió un rollo de dinero al manager de una tienda de ropa para hombres.
Lo encontró escondido en el bolsillo de una chaqueta- dejado por otro cliente

"La veracidad es el corazón de la moralidad", Thomas Henry Huxley

La Tía Esther

POR HENRY KRAUSS

Ella era diminuta- frágil
Caminaba un poco coja por las quemaduras severas que padeció en su niñez
Le gustaba vestirse, de blanco, abrigos cárdigan, y usaba medias pantis
con puntadas negras que bajaban en la parte de atrás

Hablaba cuatro idiomas
Trabajaba como química- pero también podía hacerle referencia a Shakespeare

Ella era seria-disciplinada- pero intensa, resistente, fuerte
Nunca la olvidare.